Este libro pertenece a:

_____

Fue obsequiado por:

_____

El día:

_____

Oraciones
de la Biblia
para la Hora de Acostarse

JANE LANDRETH
ILUSTRADO POR RICHARD HOIT

inspiración para la vida
≋CASA PROMESA
Una división de Barbour Publishing, Inc.

ISBN 978-1-61626-100-9

Título en inglés: *Bible Prayers for Bedtime*, ©2008 por Barbour Publishing, Inc.

Ilustraciones de la portada e interior: Richard Hoit

Desarrollo editorial: *Semantics*, P.O. Box 290186, Nashville, TN 37229
semantics01@comcast.net

Publicado por Casa Promesa, P. O. Box 719, Uhrichsville, Ohio 44683, www.casapromesa.com.

Nuestra misión es publicar y distribuir productos inspiradores que ofrezcan valor excepcional y motivación bíblica al público.

Member of the
Evangelical Christian
Publishers Association

Impreso en China
Leo Paper USA, Inc.; Gulao Town, Heshan City, Guandong, China; September 2010; D10002417

Con amor para mis nietos
preciosos, Lane y Cody,
quienes traen alegría y
satisfacción a nuestras vidas.

Jesús dijo: "Dejen que los niños vengan a mí, y no se lo impidan, porque el reino de los cielos es de quienes son como ellos". Después de poner las manos sobre ellos, se fue de allí.

Mateo 19:14

Contenido

Las primeras oraciones

Desde entonces se comenzó a
invocar el nombre del Señor.

Génesis 4:26

Hace mucho tiempo, Dios creó el mundo. Hizo las plantas y las aves, los peces y los animales. Y después hizo a las personas. Las primeras personas se llamaban Adán y Eva.

Adán y Eva vivían en un jardín hermoso llamado Edén. Dios hablaba con ellos en el jardín. Era un lugar perfecto. Pero luego Adán y Eva hicieron algo malo. Desobedecieron a Dios al comer el fruto de un árbol especial. Dios dijo: –¡No!

Por eso Dios hizo que Adán y Eva dejaran el jardín hermoso. Ahora tenían que trabajar duro para conseguir alimento. Dios les dijo que algún día morirían. ¡El mal que hicieron arruinó todo!

Antes de que pasara mucho tiempo,

Adán y Eva comenzaron una familia. Tuvieron un bebé llamado Caín. Luego tuvieron otro bebé al que llamaron Abel. Cuando los niños crecieron, el mal que Adán y Eva hicieron causó más problemas. Caín se volvió loco con su hermano menor y lo mató.

La gente pudo ver que el hacer cosas malas provocaba un gran problema. Sabían que necesitaban ayuda. Y sabían que sólo Dios podría ayudarlos.

Entonces comenzaron a llamar a Dios. Le pidieron ayuda. Hicieron las primeras oraciones. Y las personas oran a Dios desde entonces.

Amado Dios, estoy tan
contento de poder hablar
contigo. ¡Gracias por
responder mis oraciones!
Amén.

Orar por tu familia

Isaac oró al Señor en favor de
su esposa, porque era estéril.
El Señor oyó su oración.
Génesis 25:21

Dios quiere que oremos por cada uno de los miembros de nuestra familia, mamá, papá, hermanas y hermanos, abuelos, tías y tíos, primas y primos. Isaac le pidió a Dios que le diera a su esposa, Rebeca, algo que quería, hijos. Y Dios oyó su oración.

Isaac sabía que Rebeca quería un hijo. Nadie sabía por qué, pero ella no tenía bebés. Abraham, el padre de Isaac, amaba y adoraba a Dios. Le enseñó a Isaac a orar a Dios por todo. Entonces oró: "Dios, Rebeca es una esposa buena. La amo mucho. Por favor, ¿le darías lo que ella más desea, un bebé propio?"

Dios respondió la oración de Isaac de una forma especial. Pronto, Rebeca supo que iba a tener un bebé. Y no sólo uno,

¡sino dos! Iba a tener mellizos. Lo supo porque podía sentir como daban vueltas en su panza.

Pronto llegó el día en que Rebeca tuvo a los bebés. Primero vino un niño. Isaac y Rebeca lo llamaron Esaú. Luego vino otro niño. Lo llamaron Jacob. Los niños crecieron. Isaac y Rebeca estaban felices con su nueva familia. Isaac le agradeció a Dios por responder su oración.

Amado Padre celestial,
gracias por mi familia, mamá,
papá, hermanas y hermanos.
Ayúdame a recordar que
tengo que orar por cada uno
de ellos todos los días.
Amén.

"Líbrame de la destrucción"

Líbrame del poder de mi
hermano Esaú, pues tengo miedo
de que venga a matarme.

Génesis 32:11

Cuando tenemos temor de que algo nos puede dañar, podemos orar. Jacob le pidió a Dios que lo mantuviera seguro cuando tuvo temor de que su hermano, Esaú, lo perjudicara.

Un día, Jacob le robó algo importante a su hermano. Sabía que Esaú quería dañarlo a causa de eso, entonces Jacob huyó.

Muchos años después, Dios le dijo a Jacob que regresara a casa. Él y su familia embalaron las cosas para el largo viaje. Jacob envió algunos ayudantes para que le dijeran a Esaú que quería ir a casa para visitarlo.

Los ayudantes regresaron y le dijeron:

—Vimos a Esaú. ¡Viene a encontrarse contigo con cuatrocientos hombres!

Jacob tenía temor. ¡Cuatrocientos hombres eran un ejército! Entonces Jacob oró a Dios para que los mantuviera seguros a él y a su familia.

Jacob decidió enviarle algunos regalos a su hermano. Después de todo, él le había robado a Esaú mucho tiempo atrás.

¡Paso por paso, paso por paso! Jacob y su familia caminaron. Finalmente, vieron a Esaú y a ¡cuatrocientos hombres que venían!

Mientras Jacob caminaba hacia Esaú, hizo varias reverencias para mostrarle que estaba arrepentido por las cosas malas que había hecho. Esaú corrió hacia Jacob. Se preguntaba si Esaú lo iba a lastimar. Pero Esaú tomó a Jacob y lo abrazó.

Padre celestial. Gracias por
mantenerme seguro cuando
alguien quiere lastimarme.
Ayúdame a recordar que
Tú siempre me cuidarás.
Amén.

Un pedazo de madera especial

Moisés clamó al Señor, y él le mostró un pedazo de madera.
Éxodo 15:25

Cuando necesitamos ayuda con un problema, podemos orar. Incluso cuando Moisés y el pueblo de Dios estaban en el desierto sin agua, Dios respondió el clamor de Moisés pidiendo ayuda.

¿Alguna vez has tenido calor o sed? Hace mucho, el pueblo de Dios tuvo calor y sed. No podía encontrar una gota de agua fresca para beber.

El pueblo de Dios hacía un viaje largo. Caminaron a través del desierto caliente. Había muy pocos árboles que daban sombra, no había agua para beber, pero había mucha arena caliente. El pueblo de Dios caminó a través de la arena que era muy, muy caliente. ¡Paso por paso, paso por paso!

Durante tres días, el pueblo de Dios no tuvo agua. ¡Tenemos sed! Se quejaban a Moisés, su líder.

Luego alguien gritó: "¡Agua!"

Cuando vieron el agua cristalina, fresca, corrieron y tomaron sorbos grandes.

–¡Puaj! Este agua sabe mal –se quejaron–. No podemos beber de esta agua.

Moisés oyó a la gente que se quejaba. Le preguntó a Dios qué hacer. Dios le dijo a Moisés que arrojara un pedazo de madera especial al agua. ¡La arrojó!

El pedazo de madera especial hizo que el agua tuviera buen sabor. Todos comenzaron a beber, lentamente al principio. Bebieron más rápido cuando se dieron cuenta del buen sabor que tenía.

Moisés estaba feliz. Dios le mostró

qué hacer para ayudar a las personas sedientas.

Amado Dios, gracias por
darme agua fresca para beber.
Ayúdame a orar cuando tengo
un problema. Sé que siempre
responderás mi oración.
Amén.

Agua de la roca

Clamó entonces Moisés al
Señor, y le dijo: "¿Qué voy a
hacer con este pueblo?"
Éxodo 17:4

Cuando alguien quiere pelear con nosotros, podemos orar y preguntarle a Dios qué quiere que hagamos. El pueblo de Dios discutió con Moisés y él habló con Dios sobre toda la discusión y la queja. Dios había escogido a Moisés para que guiara al pueblo a la tierra nueva. Los había guardado de los grandes ejércitos que querían destruirlos. Dios les había dado alimento cuando tuvieron hambre. Ahora estaban en el desierto.

–Danos agua de beber –pedía la gente.

–¿Por qué discuten siempre conmigo? –preguntó Moisés–. ¿No saben que Dios tendrá cuidado de nosotros?

Pero el pueblo continuó gritando.

Moisés habló con Dios.

—¿Qué quieres que haga? —oró.

Dios le respondió a Moisés:

—Camina delante del pueblo. Toma a algunos de los líderes mayores contigo. Toma la vara. Cuando llegues a una roca grande, golpea la roca con la vara.

Entonces Moisés hizo lo que Dios le dijo que hiciera. Cuando la gente llegó a la roca, había agua fresca para que bebieran. Moisés estaba agradecido porque Dios había escuchado su oración y le había dado al pueblo lo que necesitaba.

Amado Dios, dime qué hacer
cuando las personas a mi
alrededor discuten conmigo
y se quejan. Ayúdame a
decirles que los amas y que
puedes hacerlos felices.
Amén.

"Ayúdame a conocerte, Señor"

"Pues si realmente es así, dime qué quieres que haga. Así sabré que en verdad cuento con tu favor".

Éxodo 33:13

Cuando quieres saber acerca de tu amigo, pasas tiempo con ese amigo. Al pasar tiempo en oración, puedes aprender más acerca de Dios. Moisés quería conocer más sobre Dios, por eso pasó más tiempo orando. Entonces Dios le contó a Moisés acerca de las cosas importantes que quería que hiciera.

Moisés guió al pueblo de Dios lejos del rey de Egipto, quien era cruel con ellos. Moisés le pidió a Dios que le diera agua fresca para beber cuando estuvieran sedientos. Dios le dio a Moisés los Diez Mandamientos para ayudar a las personas a saber de qué forma podrían agradar a Dios.

Después de que Moisés escuchó acerca de todas las cosas que Dios quería

que hiciera, pasó incluso más tiempo hablando con Dios. Quería saber más, y así poder agradar a Dios en todo lo que hiciera.

Cada vez que Moisés tenía un problema, hablaba con Dios acerca de esto. Dios siempre lo ayudó a saber qué hacer. Moisés se convirtió en un líder muy grande. Todo el pueblo lo respetaba y lo escuchaba. Incluso el rey de Egipto lo escuchaba. No quería, pero finalmente dejó que el pueblo de Dios siguiera a Moisés.

Dios, así como Moisés, quiero conocerte. Ayúdame a pasar más tiempo contigo en oración. Gracias por estar siempre cerca de mí. Amén.

Sonido estridente de cuernos y murallas rotas

Entonces Josué se postró rostro en tierra y le preguntó: "¿Qué órdenes trae usted, mi Señor, para este siervo suyo?"

Josué 5:14

A veces, cuando oramos, Dios nos dice que hagamos algo. Y a veces, lo que nos dice parece extraño. Cuando Josué y el pueblo de Dios oraron, Dios les dijo que hicieran algo muy extraño. Pero luego confiaron y le obedecieron.

—Necesitamos la ayuda de Dios —dijo Josué cuando vio las grandes murallas alrededor de la ciudad de Jericó. Josué oró y Dios le habló.

—Quiero que conquistes esta ciudad —dijo Dios—. La gente del lugar conocerá acerca de mí.

Josué escuchó el plan de Dios. Luego les dijo a las personas qué hacer.

—¿Hacer qué? —dijo el pueblo.

—Dios quiere que marchemos alrededor de la ciudad —dijo Josué—. Todos los

sacerdotes deben ir primero y soplar sus cuernos. El resto de nosotros los seguirá. Todos los días durante seis días, marcharemos alrededor de la ciudad una vez. No digan una palabra hasta que yo les diga.

Finalmente, en el séptimo día, el pueblo marchó alrededor de Jericó, una, dos, tres, cuatro, cinco, seis y siete veces. ¡Luego soplaron los cuernos con fuerza!

Josué dijo: –¡Griten muy fuerte, todos!

Todo el pueblo gritó a la vez.

Luego sonidos fuertes, explosiones, estallidos. ¡Las murallas grandes de Jericó cayeron al piso! Dios hizo algo imposible que nadie más pudo hacer.

Dios, a veces no comprendo por qué quieres que haga algo. Pero sólo obedeceré. Siempre sabes lo que es bueno para mí. Amén.

"Sol, detente"

Josué le dijo al Señor en
presencia de todo el pueblo:
"Sol, deténte en Gabaón".

Josué 10:12

A veces, necesitamos orar por un milagro cuando tenemos que hacer algo difícil. Josué oró por un milagro en un momento difícil. Cinco reyes grandes y sus ejércitos luchaban contra el ejército pequeño de Josué.

¿Podría el ejército de Josué vencer a tantos soldados de una sola vez? Josué se detuvo justo en ese momento para preguntarle a Dios qué debía hacer. Oró durante mucho, mucho tiempo. Dios le dijo:

—Ve, pelea. Yo te ayudaré.

Josué hizo sonar la alarma.

—¡Prepárense para marchar!

Caminaron pesadamente. Arriba hacia las colinas y abajo hacia los valles, Josué guió este ejército pequeño. Los soldados fueron directo donde estaban

acampando los cinco grandes ejércitos. Los ejércitos enemigos estaban tan sorprendidos que corrieron hacia las montañas.

El ejército de Josué siguió a los soldados enemigos hacia las montañas. Necesitaba encontrarlos, o regresarían para pelear otra vez. ¡Pero estaba oscureciendo!

Dios sabía que el ejército de Josué necesitaba más luz de día. Entonces, Dios puso una idea en la mente de Josué.

Josué se mantuvo de pie y dijo: —¡Sol, detente!

¡El sol dejó de moverse! No descendió hasta que capturaron a todos los soldados enemigos. Nadie vio jamás un milagro como ese antes o después.

Amado Dios, gracias por darme un milagro cuando debo hacer cosas difíciles. Ayúdame a recordar que siempre estás cerca cuando necesito tu ayuda.

Amén.

El canto de alabanza de Débora

Los que te aman sean como el sol
cuando sale en todo su esplendor.
Jueces 5:31

Alabar a Dios es una parte importante de la oración.

Débora cantó un canto de alabanza a Dios cuando la ayudó a luchar contra un gran ejército.

Débora era una profeta de Dios. Le comunicaba a la gente los mensajes de Dios. También era jueza. Se sentaba debajo de un árbol grande y escuchaba a las personas que tenían problemas y necesitaban ayuda.

Un día, Dios le dio a Débora un mensaje especial. Le dijo que llamara a un soldado valiente llamado Barac. Débora lo llamó y le dijo:

—Dios quiere llevarte al Monte Tabor. Él va a ayudarte a luchar contra el gran ejército que trata de dañar a

nuestro pueblo.

Barac pensó en los soldados fuertes del ejército enemigo y en sus carros de hierro. Sintió temor.

—¿Irás con nosotros? —le preguntó a Débora.

—Iré —dijo ella.

Débora fue con Barac y sus soldados al Monte Tabor, tal como Dios les había dicho que hicieran.

El gran ejército con sus carros de hierro y soldados fuertes luchó contra Barac y sus hombres. Pero Dios fue el más fuerte. Ayudó a Barac y a sus hombres a ganar la batalla.

Débora estaba tan feliz que cantó una canción de alabanza al Señor.

Amado Dios, muchas gracias
por amarme y mantenerme
segura. Ayúdame a seguir
cantándote alabanzas porque
te amo y quiero adorarte.
Amén.

"Dame una señal"

"Si me he ganado tu favor, dame una señal de que en realidad eres tú quien habla conmigo", respondió Gedeón.

Jueces 6:17

Si no entendemos lo que Dios nos dice, necesitamos preguntar otra vez. En la Biblia, Dios a veces le dio señales especiales a su pueblo. De esa forma, sabían con certeza que era Dios quien les hablaba. Eso es lo que sucedió con Gedeón.

Un día, un ángel le dijo a Gedeón:

–El Señor está contigo. Reúne a algunos soldados porque un ejército fuerte viene a luchar contra ti.

Gedeón quería estar seguro de que era Dios quien había hablado. Entonces oró:

–Dios, dame una señal especial. Esta noche, dejaré un vellón de lana en el suelo. En la mañana, si la lana está mojada y el suelo seco, sabré que me envías

a luchar. Sabré que nos ayudarás a ganar.

A la mañana siguiente, Gedeón corrió hacia la lana. Estaba tan mojada que Gedeón la apretaba y chorreaba agua. Miró al suelo y estaba seco.

Otra vez, Gedeón oró:

—Dios, no te enojes conmigo, pero quiero estar muy, muy seguro. Esta vez haz que la lana esté seca y el suelo mojado.

A la mañana siguiente, la lana estaba seca y el suelo mojado.

Ahora Gedeón estaba listo para obedecer a Dios.

Amado Dios, gracias por la Biblia que me dice de qué forma respondes las oraciones, ayúdame a saber en el corazón cuándo me hablas. Amén.

"Acuérdate de mí"

(Ana) Entonces hizo este voto: "Señor Todopoderoso, si te dignas mirar la desdicha de esta sierva tuya y, si en vez de olvidarme, te acuerdas de mí y me concedes un hijo varón, yo te lo entregaré para toda su vida".

1 Samuel 1:11

A veces, le hacemos promesas a Dios cuando oramos. Ana hizo una promesa y la cumplió.

Ana había estado casada durante mucho tiempo, pero no tenía hijos. Quería un hijo más que nada en el mundo. Un día, Ana estaba en el tempo y oraba. El sacerdote mayor Elí la vio.

Podía oírla llorar despacito. Veía que sus labios se movían como si orara a Dios. Podía darse cuenta de que ella estaba muy triste.

–¿Qué te sucede? –le preguntó.

–Estoy triste –respondió Ana–. Le he estado pidiendo a Dios que me ayude.

–Oraré por ti –dijo Elí– que Dios responda tus oraciones y te dé lo que pides.

Más tarde, Dios respondió la oración

de Ana. Tuvo un bebé varón y le puso por nombre Samuel. El bebé Samuel creció y creció.

–Debo cumplir la promesa que le hice a Dios –dijo Ana. Llevó a Samuel al templo y se lo mostró a Elí.

–¿Recuerdas el día que oraba aquí? –preguntó–. Quería que Dios me diera un hijo. ¡Ahora, aquí está! Es tiempo de cumplir la promesa. Samuel estará aquí en el templo para ayudarte cada vez que lo necesites.

Ana alabó a Dios por recordarle su promesa.

Dios, gracias por responder
mis oraciones. Ayúdame a no
hacer promesas que no puedo
cumplir y ayúdame a cumplir
las promesas que hago.
Amén.

"Háblame, Señor"

"Habla, que tu siervo escucha"
respondió Samuel.
1 Samuel 3:10

Orar no siempre es hablar con Dios. A veces necesitamos estar quietos y escuchar. El joven Samuel aprendió a oír a Dios.

Samuel bostezó y estiró los brazos. Estaba somnoliento, entonces se acostó y cerró los ojos. Luego algo extraño sucedió. Samuel escuchó que alguien lo llamaba.

—¡Samuel! ¡Samuel!

Saltó de la cama y corrió donde Elí, el sacerdote, dormía.

—Me llamaste y, aquí estoy —dijo Samuel.

Elí miró sorprendido.

—No te llamé —dijo— regresa a la cama.

Samuel regresó a la cama. Todo estaba

tranquilo. Luego escuchó otra vez la voz.

–¡Samuel! ¡Samuel!

Samuel corrió hacia Elí.

–Aquí estoy. ¿Me llamaste? –preguntó.

–No –dijo Elí– no te llamé. Regresa a la cama.

Samuel estaba cerrando los ojos cuando oyó la voz otra vez.

–¡Samuel! ¡Samuel!

Corrió a Elí por tercera vez.

–Aquí estoy. ¿Me llamaste?

Entonces Elí supo que Dios llamaba a Samuel.

–Cuando escuches la voz otra vez –le dijo Elí a Samuel– di, "Háblame Señor, te escucho".

Pronto Samuel escuchó la voz otra vez.

–¡Samuel! ¡Samuel!

Samuel dijo:

–Háblame Señor, te escucho.

Luego algo maravilloso sucedió. Dios le habló a Samuel. Y él escuchó de forma cuidadosa todo lo que Dios le dijo.

Amado Dios, gracias por oír las cosas que quiero decirte. Ayúdame a estar quieto y escuchar las cosas que Tú quieres decirme. Amén.

"No dejes de clamar"

Y le dijeron a Samuel: "No dejes de clamar al Señor por nosotros, para que nos salve del poder de los filisteos".
1 Samuel 7:8

Podemos orar cuando las personas tratan de herirnos. El pueblo le pidió a Samuel que continuara orando mientras el enemigo luchaba contra ellos. Dios respondió la oración de Samuel.

Samuel le dijo al pueblo de Israel que adorara y sirviera a Dios. Pero no lo escucharon. No obedecieron a Dios. Debido a esto, un gran ejército vino a luchar contra ellos.

Samuel estaba triste. Le dijo al pueblo:

—Dios quiere que lo obedezcan. Comiencen a adorar y a servir a Dios. ¡Él los salvará de los grandes ejércitos como este!

Esta vez, el pueblo escuchó a Samuel. Se juntaron en la ciudad para orar y

adorar a Dios.

Los líderes del gran ejército los vieron en el medio del pueblo. Ordenaron a las tropas que avanzaran y lucharan contra ellos.

El pueblo tenía temor. Le dijeron a Samuel:

—No dejes de clamar al Señor por nosotros. Sigue orando.

Samuel oró para que Dios los ayudara a luchar y a ganar.

Estallidos. Dios hizo un gran ruido de trueno. Atemorizó al ejército enemigo y los soldados huyeron. El pueblo de Israel sabía que Dios los había ayudado.

Amado Dios que estás en el cielo, gracias por guardarme a salvo. Cuando alguien quiere lastimarme, ayúdame a recordar que ore. Ayúdame a adorarte y a obedecerte. Amén.

Un rey nuevo

Cuando le dijeron que querían
tener un rey, Samuel se disgustó.
Entonces se puso a orar al Señor.
1 Samuel 8:6

Podemos orar cuando algo nos molesta. Samuel no estaba feliz cuando el pueblo le dijo que querían un rey, porque sabía que Dios quería ser su rey. Tenía que hablar con Dios sobre esto.

—¡Queremos un rey! —gritaba la gente—. Queremos un rey como los otros países.

Entonces Samuel oró.

Después de que Samuel oró, Dios le habló.

—Dale al pueblo lo que quiere. Mañana te encontrarás con un hombre que será el rey.

Al día siguiente, Saúl fue a ver a Samuel. Saúl no sabía que Samuel buscaba a alguien. Saúl no sabía que se convertiría en el rey.

Cuando Samuel vio a Saúl, Dios le

dijo a Samuel:

–Ese es el hombre del que te hablé.

Esa noche, Samuel le dio a Saúl un lugar de honor especial en la cena.

A la mañana siguiente Samuel llevó a Saúl al borde de la ciudad. Tomó aceite y lo derramó sobre la cabeza de Saúl. Esto significaba que Dios lo había escogido para que fuera rey.

Más tarde, Samuel reunió al pueblo.

–Aquí está su rey –les dijo.

Amado Dios, gracias por
ayudarme cuando algo me
molesta. Ayúdame a recordar que
siempre me darás una respuesta.
Amén.

Cuando Dios dice "No"

"¡Qué grande eres, Señor omnipotente!
Nosotros mismos hemos aprendido
que no hay nadie como tú, y que
aparte de ti no hay Dios".
2 Samuel 7:22

Dios no siempre nos da aquello por lo cual oramos. A veces dice: "no", como lo hizo con el rey David.

Después de que David se convirtió en rey, soñó con construir un templo hermoso. David quería un lugar donde el pueblo de Dios pudiera reunirse para adorarlo.

Dios estaba contento con la idea del rey David. Le dijo la forma exacta en la que debía construirse el templo. Le dijo que preparara todo para los constructores. Incluso le dijo qué era lo que el pueblo podía hacer para ayudarlo. Juntaron madera, piedra y telas para usar en el hermoso templo.

Luego Dios le dijo a David algo más.

—No te he elegido a ti para que

construyas este templo. He escogido a tu hijo Salomón para que lo haga.

El rey David debe haber estado triste y molesto porque no sería él quien construiría el templo. Pero también estaba agradecido de que Dios hubiera elegido a Salomón y de que las personas tuvieran un lugar hermoso para adorar a Dios.

El rey David oró una oración de acción de gracias:

—Muchas gracias por bendecirme y por bendecir a tu pueblo. Eres grande, Señor, no hay nadie más como tú.

Gracias, Dios por no darme todo lo que te pido. Tú conoces lo que necesito mucho mejor que yo. Ayúdame a ser agradecido cuando Tú dices: "no"
Amén.

Sigue orando

[Elías] se inclinó hasta el suelo y
puso el rostro entre las rodillas.
1 Reyes 18:42

A veces Dios responde nuestras oraciones de forma rápida y, a veces, debemos seguir orando. Elías tuvo que seguir orando durante mucho, mucho tiempo antes de que Dios respondiera la oración.

El suelo estaba seco. No había pasto verde. Los ríos no tenían agua. ¡No caía ni una gota de lluvia!

Un día, Dios le dijo a Elías:

—Enviaré lluvia.

Elías y su ayudante escalaron hasta la cima de una montaña. Elías inclinó la cabeza y habló con Dios.

Después de que Elías oró, le dijo a su ayudante:

—Ve y mira hacia el océano. Mira si hay nubes.

El ayudante corrió a mirar.

–No veo nubes –dijo.

Elías oró otra vez, el ayudante miró hacia el océano pero aún no había nubes.

Elías oró otra vez. Le pidió al ayudante que mirara una, dos, tres, cuatro, cinco y seis veces más. Pero aún no había nubes. Elías siguió orando.

–Ve mira una vez más –dijo Elías.

Esta vez el ayudante de Elías vio algo como del tamaño de la mano de un hombre, ¿Podría ser una nube? ¡Sí! ¡Era una nube pequeña!

La nube se hizo más y más grande. El cielo se volvió oscuro y los vientos soplaron. ¡Ruido de lluvia, ruido de lluvia! La lluvia cayó sobre el suelo seco. Dios finalmente respondió la oración de Elías.

Gracias Dios por enviar lluvia
para hacer el mundo hermoso
y proveer agua para que los
animales beban. Ayúdame a
seguir orando por las cosas que
necesito, así como Elías lo hizo.
Amén.

Detrás de puertas cerradas

Entró al cuarto, cerró la
puerta y oró al Señor.
2 Reyes 4:33

Muchas veces, oramos con otras personas, puede ser en casa o en la iglesia. Pero a veces, Dios quiere que oremos solos, tal como lo hizo Eliseo.

Eliseo viajó por muchos lugares contándoles a las personas acerca de Dios. Muchas veces, Eliseo visitaba a un hombre y a una mujer que no tenían hijos. Como Eliseo iba a la ciudad con frecuencia, la pareja construyó una habitación para que se quedara. Como eran tan amables con Eliseo, Dios bendijo a la pareja con un hijo.

Un día, mientras el niño estaba en el campo con su padre, se enfermó mucho.

El padre lo llevó a la casa. La madre lo llevó a la habitación de Eliseo y lo acostó en la cama. Luego corrió a buscar

a Eliseo.

Cuando Eliseo vio a la mujer que venía, supo que algo andaba mal. De inmediato, corrieron para la casa. Eliseo entró a la habitación y cerró la puerta. Estaba solo con el niño. Entonces oró.

Eliseo se acostó en la cama con el niño. Luego caminó para un lado y otro de la habitación. De repente, el niño estornudó una, dos, tres, cuatro, cinco, seis, siete veces y abrió los ojos. Los padres del niño estaban muy felices. Las oraciones de Eliseo habían sido respondidas

Amado Dios, gracias por permitirme orar con otros. Pero ayúdame a recordar que también te gustaría pasar un tiempo a solas conmigo. Amén.

"Sálvanos"

"Ahora, pues, Señor y Dios nuestro,
por favor, sálvanos de su mano, para
que todos los reinos de la tierra sepan
que sólo tú, Señor, eres Dios".

2 Reyes 19:19

Cuando alguien quiere lastimarnos, podemos pedirle a Dios que nos mantenga seguros. Cuando Ezequías recibió una carta que decía que un ejército grande venía para destruir su tierra, él oró y le pidió a Dios que mantuviera a su pueblo seguro.

Ezequías era un rey bueno. Amaba y respetaba a Dios y le dijo al pueblo que también adorara a Dios. Dios lo bendijo. Ezequías y su ejército comenzaron a ganar todas las batallas. Cada vez que ganaban una batalla, Ezequías le agradecía a Dios por ayudarlos.

Un día, Ezequías recibió una carta de Senaquerib, un rey de otro país. Senaquerib decía en la carta que él y su ejército eran fuertes y destruirían a Ezequías y a su

ejército. Dijo que Dios no los ayudaría.

Cuando recibió la carta, Ezequías fue al templo y la abrió. Oró a Dios.

–Eres el único Dios –dijo Ezequías–. Estamos en problemas. Senaquerib tiene un ejército fuerte. Necesitamos ayuda. Sálvanos del poderoso Senaquerib. Muéstrale a él y a sus soldados que tú eres el único Dios.

Dios oyó la oración de Ezequías y se encargó de vencer al ejército enemigo por ellos.

Amado Dios que estás en el
cielo, gracias por mantenerme
a salvo cuando alguien quiere
lastimarme. Ayúdame a recordar
que tú puedes ayudarme
cuando estoy en problemas.
Amén.

"Ensancha mi territorio"

Bendíceme

Jabes le rogó al Dios de Israel:
"Bendíceme y ensancha mi territorio;
ayúdame y líbrame del mal, para
que no padezca aflicción". Y
Dios le concedió su petición.
1 Crónicas 4:10

A veces hacemos oraciones largas y a veces otras cortas. Jabes hizo una oración muy corta. Pero fue una oración poderosa.

Cuando Jabes era joven, escuchó acerca de Dios. Oyó de qué forma Dios rescató a su pueblo de grandes ejércitos y les entregó una tierra que les había prometido. Jabes sabía que Dios lo oiría, incluso si oraba una breve oración.

Jabes le pidió a Dios que lo bendijera. Sabía que Dios quería darle muchas cosas buenas, pero también sabía que tenía que pedírselas.

Jabes le pidió a Dios que "ensanchara su territorio". Esto significa que quería contarles a más personas acerca de Dios.

Jabes sabía que necesitaba a Dios para

que estuviera cerca suyo todo el tiempo. A veces, las cosas eran difíciles y necesitaba que Dios lo ayudara. Le pidió a Dios que le diera palabras amables para decir y que lo ayudara a hacer cosas correctas.

Después le pidió a Dios que lo mantuviera alejado de las cosas malas que lo podían dañar.

Cuando oró así, Dios le respondió y le dio las cosas que quiso. Dios bendijo a los amigos y a la familia de Jabes, todo porque él quería agradar a Dios en todo lo que hacía y decía.

Amado Dios, ayúdame a orar
como Jabes. Bendíceme todos
los días. Ayúdame a contarles
a las personas acerca de ti.
Quédate cerca de mí en todo
momento y mantén lejos
de mí las cosas malas.

Amén.

"Dame sabiduría"

"Yo te pido sabiduría y conocimiento
para gobernar a este gran pueblo tuyo".
2 Crónicas 1:10

A veces, le pedimos a Dios cosas tales como una bicicleta brillante, una muñeca bonita o ropa nueva. Salomón no le pidió a Dios estas cosas. Sólo quería que Dios lo hiciera sabio.

Cuando Salomón se convirtió en rey, le pidió a Dios que lo ayudara:

–Dame sabiduría y conocimiento, para que pueda guiar al pueblo –oró.

El pueblo estaba feliz porque sabía que el rey Salomón adoraba a Dios. Y era lo suficientemente sabio para saber lo que las personas necesitaban. Una de las primeras cosas que hizo el rey Salomón fue ayudar a la gente a construir el templo. Era una iglesia grande donde podían adorar a Dios.

Todo el pueblo trabajó en el templo.

¡Golpes, golpes! Los martillos golpean la piedra. ¡Zzzz, zzzz! Sierras cortan la madera. Llevó mucho, mucho tiempo.

Finalmente, el templo se terminó. Era muy, muy hermoso.

El rey Salomón planeó una fiesta especial para agradecerle a Dios por el templo. Cuando el pueblo llegó, el rey Salomón se postró sobre sus rodillas y elevó las manos hacia el cielo.

El rey Salomón comenzó a orar a Dios:

—No hay otro Dios como tú en el cielo y en la tierra —dijo. Le agradeció por hacerlo sabio y por darle al pueblo de Dios un lugar tan hermoso para adorar.

Amado Dios, gracias por todas las cosas que me has dado. Ayúdame a orar para que vengas en mi ayuda cuando tengo decisiones que tomar. Ayúdame a ser sabio. Amén.

"En Ti confiamos"

Allí Asá invocó al Señor su Dios y le
dijo: "Señor, sólo tú puedes ayudar al
débil y al poderoso. ¡Ayúdanos, Señor y
Dios nuestro, porque en ti confiamos!"

2 Crónicas 14:11

Podemos orar y confiar en Dios porque Él sabe lo que es mejor para nosotros. El rey Asá confió en Dios porque sabía que siempre lo ayudaría.

Cuando Asá se convirtió en rey, vio que las personas no adoraban a Dios. Habían desobedecido las leyes de Dios. El rey Asá sabía que Dios no estaba contento.

El rey le dijo al pueblo que debía adorar a Dios. Les ordenó que obedecieran las leyes de Dios. Le dijo al pueblo que confiara en Dios porque Él sabía lo que era mejor para ellos.

Otro rey que vivía en un país cercano no quería que el pueblo de Asá adorara a Dios. Entonces el rey Asá supo que tenía que reunir un ejército, algunos de los soldados cargaban lanzas, algunos llevaban

arcos y flechas. Todos los hombres eran muy valientes.

Finalmente llegó el día en el que el rey malo y sus soldados lucharían contra el ejército del rey Asá. Él sabía que necesitaba la ayuda Dios para luchar.

El rey Asá oró:

—Señor Dios, no hay nadie como tú. Somos débiles pero sabemos que nos puedes hacer fuertes. Entonces Señor Dios, ayúdanos. Confiamos en ti. Eres nuestro Dios.

Dios oyó la oración del rey Asá. Sus soldados ganaron la batalla.

Amado Dios, estoy tan feliz
porque tú siempre sabes lo que
es mejor para mí. Ayúdame
a confiar en ti cuando me
siento muy pequeño y débil.
Amén.

La batalla es del Señor

"Dios nuestro, ¿acaso no vas a dictar
sentencia contra ellos? Nosotros
no podemos oponernos a esa gran
multitud que viene a atacarnos.
¡No sabemos qué hacer! ¡En ti
hemos puesto nuestra esperanza!"
2 Crónicas 20:12

Podemos orar cuando no sabemos qué hacer. Luego podemos hacer lo que hizo Josafat después de orar, dar un paso atrás y dejar que Dios se encargara de las cosas.

Apenas Josafat oyó que el ejército enemigo venía, tuvo temor. Su ejército no era lo suficientemente grande como para ganar la batalla.

Pero Josafat tenía algo más grande que un ejército. Tenía a Dios, quien podía hacer cualquier cosa. Entonces, decidió preguntarle qué debía hacer.

Todo el pueblo se reunió para pedir la ayuda de Dios. Vinieron de todas las ciudades de alrededor. Josafat se paró entre las personas.

—Señor, tú eres el Dios de nuestro

pueblo –oró–. El enemigo viene y no tenemos el poder para enfrentar a este ejército enorme. No sabemos qué hacer, pero sabemos que puedes ayudarnos.

Uno de los hombres que estaba cerca dijo:

–¡Rey Josafat, escucha! Dios me ha hablado. No temas. La batalla es del Señor. Él se encargará del ejército grande.

Al día siguiente, Josafat y sus hombres encontraron que Dios había ganado la batalla por ellos. Josafat y sus hombres cantaron alabanzas a Dios por las oraciones respondidas.

Amado Dios, a veces no sé qué hacer. Ayúdame a recordar que tengo que orar y luego retroceder para permitir que tú te encargues de las cosas. Amén.

Un viaje seguro

Así que ayunamos y oramos
a nuestro Dios pidiéndole su
protección, y él nos escuchó.

Esdras 8:23

Podemos orar para tener un viaje seguro, ya sea que caminemos, andemos en bicicleta, viajemos en auto o volemos en avión. Esdras y su pueblo oraron para que Dios los mantuviera a salvo en el viaje.

Una multitud de gente estaba al lado del río. Habían hecho sus valijas y estaban listos para irse a casa. Esdras era el hombre sabio que les mostraría el camino.

–Le podría haber pedido al rey que nos diera soldados para que nos cuidaran –le dijo Esdras al pueblo–, pero le dije al rey que Dios nos mantendría seguros. Le pediremos a Dios que nos guarde. Cuando lleguemos seguros a casa, eso les mostrará al rey y al pueblo que Dios se encarga de aquellos que lo aman.

A la mañana siguiente, antes del viaje a su casa, el pueblo se reunió para orar. Oraron durante el día mientras caminaban. Oraban mientras descansaban de noche.

Día tras día, viajaron. A veces veían a ladrones que se escondían en el camino, pero Dios los mantenía seguros. Después de muchas semanas, finalmente alcanzaron sus hogares. Dios había respondido sus oraciones. ¡Los mantuvo seguros durante el viaje!

La próxima vez que tu familia salga de viaje, pídele a Dios que los mantenga seguros.

Amado Dios, te agradezco
por amarme y cuidarme.
Gracias por mantenerme
a salvo en todo momento,
sin importar dónde voy.
Amén.

"Concédeme un favor"

"Y te pido que a este siervo
tuyo le concedas tener éxito y
ganarse el favor del rey".
Nehemías 1:11

Podemos orar cuando estamos tristes. Nehemías oraba cuando estaba triste y Dios oía su oración.

Nehemías era un ayudante especial del rey. Vivía en un país lejos de su casa y de su familia. En esa época, las personas construían murallas fuertes alrededor de las ciudades. Esas murallas impedían la entrada de todo tipo de peligros, incendios, inundaciones, animales salvajes e incluso ejércitos grandes.

Un día, el hermano de Nehemías le contó una noticia triste.

—Las murallas de la ciudad donde vivíamos se han destruido. La ciudad no está segura.

Nehemías estaba triste. Entonces oró a Dios.

Cuando el rey vio a Nehemías, le preguntó:

—¿Por qué estás triste?

—Estoy triste porque las murallas alrededor de la ciudad donde yo vivía se han destruido —respondió Nehemías—. Me gustaría ir y ayudar a reconstruir las murallas alrededor de la ciudad.

El rey le dijo a Nehemías:

—Puedes ir y ayudar a construir las murallas.

Cuando Nehemías llegó a la ciudad, se encontró con el pueblo.

—Podemos trabajar juntos para construir las murallas —dijo—. Las haremos fuertes otra vez.

Golpes fuertes. Martillos y cinceles cortaban la piedra. ¡Zzzz, zzzz! Sierras cortaban la madera.

Pronto las murallas fueron arregladas y la ciudad estaba segura. Dios había escuchado la oración de Nehemías.

Amado Dios, gracias por escuchar siempre mi oración. Ayúdame a recordar orar cuando estoy triste. Ayúdame a recordar que puedes hacerme feliz otra vez. Amén.

"¿Por qué me pasa esto a mí?"

Job respondió entonces al Señor.
Le dijo: "Yo sé bien que tú lo
puedes todo, que no es posible
frustrar ninguno de tus planes".

Job 42:1-2

Cuando tenemos uno de esos días en que todo parece ir mal, podemos orar. Job tuvo muchos días malos, pero continuó confiando en Dios.

¿Tuviste un mal día? Quizás te caíste y te lastimaste la rodilla. O no conseguiste ir al parque con tus amigos. Quizás no te sentías bien. ¡Algunos días son así!

Job obedeció a Dios y Dios le dio muchas cosas, una familia grande, mucha tierra, muchos animales. Dios incluso hizo que Job no se enfermara. Job amaba a Dios y siempre hacía lo que era correcto.

Un día, todo parecía ir mal para Job. Perdió su familia y animales. Se enfermó. Job no sabía por qué le sucedían estas cosas.

—Debes haber hecho algo mal —dijo

uno de sus amigos.

–No he hecho nada malo –respondió Job–. Amo a Dios y lo sirvo.

Luego Job le preguntó a Dios:

–¿Por qué me sucede esto?

–¿No sé lo que es mejor para ti? –respondió Dios.

Luego Dios hizo algo que sorprendió a Job y a sus amigos. Dios le hizo bien a Job. Le devolvió todo lo que había perdido y, mucho, mucho más.

¡Job confió en Dios incluso cuando las cosas le iban mal!

Amado Dios, sabes lo que es mejor para mí. Ayúdame a confiar en ti cuando tengo un mal día y cuando las cosas van mal. Te amo, Dios. Amén.

"Escúchame cuando te llamo"

El Señor me escucha cuando lo llamo.

Salmo 4:3

Dios quiere que oremos cada vez que necesitamos su ayuda. Dios escogió a David para que fuera el nuevo rey, pero incluso los reyes necesitan ayuda a veces. Oró para que lo protegiera y Dios respondió su oración.

Muchas personas querían ser rey. Algunas personas estaban celosas y enojadas porque Dios había escogido a David, especialmente el rey Saúl. No quería que un pastor joven tomara su lugar como rey. Trató de matar a David muchas veces, pero Dios mantuvo a David a salvo.

El rey Saúl persiguió a David, pero Dios siempre le mostró a David dónde esconderse.

David se escondió del rey Saúl en

el desierto. También se escondió en las montañas. El rey y sus hombres lo buscaron todos los días. Pero jamás pudieron encontrar a David.

Una noche, el rey Saúl y sus hombres dormían en una cueva. Estaban cansados. Habían perseguido a David durante todo el día. David entró de forma silenciosa en la cueva. Fue en puntas de pie hacia donde el rey dormía, David pudo haber matado a Saúl pero sabía que Dios no quería que lastimara al rey.

Finalmente, el rey Saúl murió. David se convirtió en rey, tal como Dios lo había planeado. ¿Qué puedes hacer cuando estás en problemas? Puedes orar a Dios y saber que Él te ayudará.

Amado Dios, gracias por
ayudarme cuando estoy en
problemas. Gracias por
mantenerme a salvo así como
lo hiciste con David.
Amén.

"Aquí estoy. ¡Envíame a mí!"

¡Envíame a mí!

Entonces oí la voz del Señor
que decía: "¿A quién enviaré?
¿Quién irá por nosotros?"
Y respondí: "Aquí estoy.
¡Envíame a mí!"

Isaías 6:8

Dios puede hablar con nosotros cuando oramos. Cuando Dios habla, quiere que respondamos de forma rápida. Isaías estaba listo para responder cuando escuchó la voz de Dios.

Isaías vivía en una ciudad donde las personas hacían cosas malas. Se habían alejado de Dios. Ahora mentían y robaban. Decían cosas que no agradaban a Dios. No adoraban a Dios.

Un día, mientras Isaías adoraba en el templo, escuchó la voz de Dios que le decía:

—¿A quién enviaré para hablarle a esta gente mala?

—Aquí estoy, ¡Envíame a mí! —dijo Isaías. Dios estaba contento con Isaías porque le respondió de forma rápida.

Dios le dijo a Isaías que fuera y le dijera a la gente que dejara de hacer cosas malas.

–Diles que me obedezcan y hagan lo que es correcto –dijo Dios.

Por muchos años, Isaías le pidió al pueblo que dejara de hacer cosas malas y obedeciera a Dios. Isaías le advirtió al pueblo lo que sucedería si seguían desobedeciendo. Pero sólo unos pocos escucharon.

Isaías estaba triste porque la gente no quería obedecer y adorar a Dios.

Pero estaba feliz porque él había respondido a su voz. Estaba haciendo lo que Dios le había pedido que hiciera.

Gracias Dios, porque puedo
hablar contigo y oír lo
que quieres que te diga.
Ayúdame a hacer siempre
lo que me pides que haga.
Amén.

"Sólo soy un niño"

Yo [Jeremías] le respondí: "¡Ah,
Señor mi Dios! ¡Soy muy
joven, y no sé hablar!"
Jeremías 1:6

¿**Piensas** que eres demasiado joven para contarle a la gente acerca de Dios? Entonces pídele a Dios que te ayude, así como lo hizo Jeremías. Él también pensaba que era demasiado joven para hablar con la gente acerca de Dios.

El pueblo que Dios amaba lo había olvidado. Ya no lo adoraban más. Dios necesitaba a alguien que llevara un mensaje a su pueblo.

Un día, Dios habló con el joven Jeremías.

—Quiero que lleves el mensaje al pueblo —dijo Dios—. Antes de que nacieras, planeé que tú hablaras por mí.

—Pero soy tan joven —dijo Jeremías—. No sé cómo hablar con el pueblo.

—No te preocupes por eso —le dijo

Dios a Jeremías–. Te diré exactamente qué decir. No hay razón para temer.

Luego Dios tocó la boca de Jeremías y dijo:

–Ahora estás listo. Sólo escucha y te diré exactamente qué decir.

Jeremías estuvo listo para decirle al pueblo el mensaje de Dios.

Dios habló otra vez con Jeremías.

–Haz como te digo. Puede que a la gente no le guste lo que les digas, pero recuerda que estoy contigo. Te mantendré a salvo.

Amado Dios, sé que soy
joven, pero puedo contarle a
alguien acerca de ti. Ayúdame
a ser valiente y a hablar las
palabras que quieres que diga.
Amén.

Una, dos, tres veces

Allí se arrodilló y se puso a orar
y alabar a Dios, pues tenía por
costumbre orar tres veces al día.

Daniel 6:10

Dios nos escucha cada vez que oramos. Daniel oraba una, dos, tres veces, todos los días y Dios oía su oración todas las veces.

El rey le dio a Daniel un trabajo importante. Pero a algunos hombres no les caía bien Daniel. Estaban celosos. Pensaron en un plan para meter a Daniel en problemas.

Los hombres le dijeron al rey:

–Hagamos una nueva ley. Todos deben orarte a ti.

El rey pensó que esta ley era una buena idea. Le dijo al pueblo que sólo debían orarle a él.

Al día siguiente, Daniel oró a Dios, una, dos, tres veces, como siempre lo hizo. Los hombres, que observaban a

Daniel, corrieron a decirle al rey lo que habían visto.

El rey estaba triste por haber hecho esa nueva ley. Los hombres le habían tendido una trampa. Ahora tenía que arrojar a Daniel a la jaula de los leones por desobedecer la nueva ley. Los leones ¡r-r-rugían! Tenían mucha hambre. ¡R-r- rugían!

Pero Daniel no tenía temor. Sabía que Dios lo cuidaría.

A la mañana siguiente, el rey fue a la jaula de los leones. Daniel dijo:

–Rey, estoy a salvo. ¡Dios me cuidó!, envió un ángel para que cerrara la boca de los leones.

El rey hizo una nueva ley. Todos deberían orar sólo a Dios.

Nuestro Padre celestial,
ayúdame a recordar que tengo
que orar cuando tengo temor.
Mantenme seguro cuando estoy
en problemas. Gracias por oír
mi oración cada vez que oro.
Amén.

Orar en todo lugar

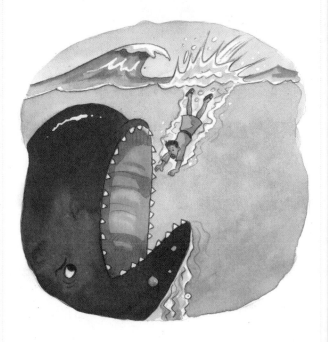

Entonces Jonás oró al Señor su
Dios desde el vientre del pez.

Jonás 2:1

Podemos orar en cualquier lugar. Jonás oró a Dios en muchos lugares, ¡incluso desde adentro de un pez!

Un día Dios le dijo a Jonás:

—Ve a la ciudad de Nínive. Dile al pueblo que me ha desobedecido.

Jonás siempre había obedecido a Dios. Pero esta vez desobedeció. En vez de ir a Nínive, decidió tomar un bote e ir lejos hacia otra dirección.

De repente el cielo se volvió negro y soplaron vientos fuertes. Las olas golpeaban. Los hombres que estaban en el bote tenían temor. Pero Jonás sabía que Dios había enviado la tormenta porque había desobedecido.

Jonás les dijo a los hombres:

—Arrójenme al mar y la tormenta se detendrá.

¡Uno, dos, tres! Los hombres arrojaron a Jonás al agua. Las olas dejaron de golpear. El bote estaba a salvo.

Luego Dios envió un gran pez. El pez abrió la boca grande y ¡se lo tragó! ¡Jonás estaba en el vientre del pez grande!

Jonás comenzó a orar.

–Dios, perdóname por desobedecerte.

Cuando Dios llevó al pez cerca de la tierra, comenzó a toser. ¡Puaj! Arrojó a Jonás justo en la playa.

Después Dios habló con Jonás.

–¡Ahora es el momento de que lleves mi mensaje a Nínive!

Y esta vez, ¡Jonás obedeció!

Amado Dios, gracia por
oírme cuando oro en casa,
en la escuela o en la iglesia.
Puedo orar en cualquier
lugar y tú me escucharás.
Amén.

"Sólo cree"

"Pero basta con que digas una sola palabra, y mi siervo quedará sano".

Mateo 8:8

Cuando oramos necesitamos creer que Dios responderá nuestra oración. Un soldado del ejército creyó que Jesús podría responder una oración. El soldado sabía que Jesús sólo necesitaba hablar y su oración sería respondida.

Jesús caminaba por la ciudad de Capernaúm. Un soldado importante corrió hacia Él.

—Jesús —dijo el soldado— mi siervo está muy enfermo. No puede moverse y tiene mucho dolor. El soldado estaba preocupado porque tenía temor de que su siervo muriera.

—Iré a tu casa y sanaré a tu siervo —dijo Jesús.

—No, Jesús. Veo que estás muy ocupado —dijo el soldado—. No necesitas venir todo el camino hasta mi casa. Si tan sólo dices que mi siervo estará bien, sé que será sanado.

Jesús se sorprendió. Se volvió a la gente que estaba con Él.

–Este hombre cree en mí más que nadie –dijo.

Luego Jesús se volvió al soldado.

–Vuelve a casa –le dijo–. Debido a que crees en mí, tu siervo ya está sano.

Cuando el soldado regresó a casa, encontró al siervo completamente bien. El soldado había creído que Jesús podía responder su oración.

Amado Jesús, ayúdame a creer
que puedes responder las
oraciones, incluso cuando no
puedo ver que las respondes.
Gracias por cuidarme y amarme.
Amén.

"¡Señor, sálvanos!"

Los discípulos fueron a despertarlo.
"¡Señor", gritaron, "sálvanos,
que nos vamos a ahogar!"

Mateo 8:25

Cuando tenemos temor, podemos orar. Una vez, los discípulos de Jesús oraron cuando se vieron en medio de una tormenta fuerte.

Jesús había estado enseñando a la gente acerca de Dios. Estaba muy cansado porque había sido un día ocupado.

Él y los discípulos se subieron a un barco pesquero y navegaron por el lago. Jesús estaba tan cansado que fue hacia la parte trasera del bote y se acostó a dormir una siesta.

De repente, vino una tormenta. El viento comenzó a soplar. Las olas golpeaban el bote. El viento y las olas hicieron que fuera difícil levantarse para los discípulos. El barco comenzó a llenarse de agua.

A pesar de que algunos de los discípulos eran pescadores grandes y fuertes, tenían temor. Despertaron a Jesús y le dijeron:

—¡Señor, sálvanos! ¡Vamos a ahogarnos!

—¿Por qué tienen temor? —preguntó Jesús—. ¿No saben que siempre cuidaré de ustedes, sin importar que tan fuerte se vuelva la tormenta?

Jesús se puso de pie y estiró los brazos. Le dijo al viento que dejara de soplar. Le dijo a las olas que se detuvieran y dejaran de golpear el barco. De repente, todo estaba calmo.

Los discípulos estaban sorprendidos de que Jesús pudiera hacer que la tormenta le obedeciera. Ya no tenían más temor.

Amado Dios, gracias por estar
siempre cerca, cuidándome.
Cuando tengo temor, ayúdame
a recordar que tú me cuidas.
Amén.

"Ten misericordia de nosotros"

Al irse Jesús de allí, dos ciegos lo
siguieron, gritándole: "¡Ten compasión
de nosotros, Hijo de David!"

Mateo 9:27

Jesús quiere que oremos acerca de todo, las cosas grandes y las pequeñas. Dos ciegos creyeron que Jesús podía hacer que ellos volvieran a ver y Jesús escuchó su oración.

En cualquier lugar en la ciudad, las personas hablaban acerca de Jesús y de sus milagros. Multitudes de personas comenzaron a seguirlo, para oír lo que tenía que decir.

Al final del día, Jesús estaba cansado y quería descansar. Paso a paso, se movían las sandalias de Jesús mientras caminaba hacia la casa en la cual pasaría la noche.

¡Silbidos, silbidos, silbidos! Dos ciegos avanzaron de forma lenta detrás de Él. Gritaron a Jesús:

—¡Ten misericordia de nosotros, Hijo

de David!

Jesús iba a la casa y los dos ciegos lo seguían. Cuando Jesús se dio vuelta, los vio.

–¿Creen que puedo hacer esto? –les preguntó.

–Sí, Señor, creemos –dijeron.

Jesús les tocó los ojos y dijo:

–Si creen, les sucederá.

De repente, los ciegos comenzaron a ver. Jesús había escuchado su oración. Jesús les dijo que no le contaran a nadie lo que había sucedido. Pero estaban demasiado contentos. Les dijeron a todos los que se encontraron que Jesús había tocado sus ojos y que ahora podían ver.

¡Jesús, creo en ti! Sé que
puedes hacer cualquier cosa,
cosas grandes y pequeñas.
Ayúdame a recordar orar
cuando necesito tu ayuda.
Amén.

Panes y peces

[Jesús] Tomó los cinco panes
y los dos pescados y, mirando
al cielo, los bendijo.

Mateo 14:19

Dios quiere que le demos gracias por la comida que comemos así como lo hizo Jesús.

Jesús y sus discípulos se sentaron un día a descansar en una colina. Antes de que se dieran cuenta, un montón de personas se reunieron alrededor. Querían que Jesús les contara acerca de Dios.

Jesús comenzó a enseñarles. Pronto, muchas personas estaban sentadas en la colina cubierta de hierba escuchándolo. Escucharon hasta la hora de la cena. Ni siquiera se habían dado cuenta de que tenían hambre hasta que Jesús dejó de hablar.

—Deberíamos enviar a estas personas a su casa para que puedan cenar —dijeron los discípulos.

Pero Jesús les dijo a los discípulos:

—Están muy lejos de sus casas. Debemos darles algo para comer.

—¿Qué? —dijeron los discípulos—. No tenemos comida.

Justo entonces Andrés dijo:

—Este niño dice que quiere compartir su cena. Pero sólo son cinco panes y dos peces. Es suficiente sólo para alimentar a unos pocos.

Jesús tomó la cena del niño y le agradeció a Dios por la comida. Luego comenzó a cortar los panes y los peces. Pronto, había cientos y cientos de pedazos de pan y de peces, suficientes para alimentar a todas las personas hambrientas.

Padre celestial, gracias por
darme comida para comer.
Ayúdame a compartir la comida
con aquellos que tienen hambre.
Amén.

"¡Señor, sálvame!"

Pero al sentir el viento fuerte, [Pedro]
tuvo miedo y comenzó a hundirse.
Entonces gritó: "¡Señor, sálvame!"

Mateo 14:30

Las oraciones no tienen que ser largas. Una vez, Pedro, uno de los ayudantes de Jesús, oró una oración de sólo dos palabras. Y ¡Dios respondió esa oración!

Pedro y otros once hombres, los discípulos de Jesús, estaban en un bote. Estaban cansados porque le acababan de ayudar a Jesús a alimentar a miles de personas. Aún hablaban acerca del milagro que había hecho cuando había alimentado a esas personas con sólo cinco panes y dos pececitos.

El viento comenzó a soplar. ¡El sonido del viento! ¡Las olas se hicieron más grandes! Los discípulos de Jesús trabajaban duro para mantener el agua fuera del bote, cuando alguien gritó.

–¡Es un fantasma!

Todos tenían temor. ¿Quién era ese que caminaba hacia ellos sobre el agua?

–Soy yo –dijo Jesús–. No tengan temor.

Pedro, que era valiente dijo:

–Señor, si eres tú, dime que vaya contigo.

–Ven –dijo Jesús.

¡Pedro hizo algo sorprendente! ¡Pasó por encima del borde del bote y caminó en el agua!

Luego Pedro vio lo grandes que eran las olas y lo fuerte que soplaba el viento. Dejó de mirar a Jesús y comenzó a hundirse.

–¡Señor, sálvame! –oró.

Jesús tomó la mano de Pedro y lo ayudó a llegar al bote. Pedro estaba feliz de que su oración de sólo dos palabras se hubiera respondido.

Amado Jesús, ayúdame a no tener temor cuando vengan las tormentas, sino a creer que tú cuidarás de mí. Gracias por oír todas mis oraciones. Amén.

"¡Hosanna en las alturas!"

"¡Hosanna al Hijo de David!"
"¡Bendito el que viene en
el nombre del Señor!"
"¡Hosanna en las alturas!"
Mateo 21:9

Adorar a Dios es parte de la oración. Las personas cantaron alabanzas a Jesús cuando llegó a la ciudad de Jerusalén.

¡Paso a paso, paso a paso! Jesús y sus ayudantes especiales iban al templo. En el camino, Jesús se detuvo y dijo:

—Hay un burrito en la ciudad. Desátenlo y tráiganmelo.

Los ayudantes de Jesús hicieron como se los pidió. Encontraron al burrito y se lo llevaron a Jesús. Él se subió al lomo del burro y anduvo por la ciudad.

Golpes de patas, golpes de patas, eran las patas del burro. Los ayudantes de Jesús caminaban a lo largo del camino al lado de Él.

Muchas otras personas estaban en el

camino. ¡Se encontraban felices de ver a Jesús!

Algunas personas colocaban los abrigos sobre el camino. Otras personas cortaban ramas de palmeras y las ponían en el suelo. Esto demostraba que creían que Jesús era un rey verdadero.

Algunas otras personas corrieron a la ciudad.

—¡Jesús viene! ¡Jesús viene! —gritaron. Cuando oyeron los gritos, aún más personas fueron a ver a Jesús y le cantaron alabanzas:

—¡Hosanna! ¡Hosanna en las alturas!

¡Era un día feliz! Todos los que amaban a Jesús lo alababan al cantar canciones alegres.

Gracias, Dios por enviar a
tu Hijo, Jesús. Ayúdame a ser
feliz y a mostrar mi amor a
Jesús al cantar alabanzas.
Ayúdame a contarles a otros
acerca del amor de Jesús.
Amén.

"Ella sólo duerme"

[Jairo] suplicándole con insistencia:
"Mi hijita se está muriendo.
Ven y pon tus manos sobre ella
para que se sane y viva".

Marcos 5:23

Jesús quiere que oremos y le contemos a Él acerca de nuestros amigos y familiares que están enfermos. Jesús escuchó a Jairo y sanó a su hija, incluso cuando las personas no creían que podía hacerlo.

El agua hacía ruido mientras Jesús salía del bote y caminaba hacia la costa. Cuando Jairo vio a Jesús, corrió hacia Él y se arrodilló.

—Mi hijita está muy enferma —le dijo Jairo a Jesús—. Por favor, ven y pon tus manos sobre ella, entonces ella sanará.

En el camino a la casa de Jairo, un hombre llegó corriendo hacia ellos.

—No molestes a Jesús —le dijo a Jairo—. Tu hijita murió.

Jesús siguió caminando.

–No temas –le dijo a Jairo–. Confía en mí. Ella sólo duerme.

Cuando Jesús llegó a la casa de Jairo, vio a la niñita recostada sobre la cama. Sus ojos estaban cerrados. Estaba muy quieta.

Jesús le tomó la mano y dijo:

–Niñita, escúchame. ¡Levántate!

De repente, los ojos de la pequeña se abrieron. Se levantó y caminó.

Jesús se volvió a la madre de la niña y le dijo:

–Me parece que tiene hambre. Dale algo de comer.

Jesús sabía que podía hacer que la hija de Jairo se sanara, ¡y lo hizo!

Gracias, Jesús por hacerme
bien. Cuando mis amigos
o mis familiares estén
enfermos, ayúdame a recordar
contarte acerca de ellos.
Tú puedes sanarlos.
Amén.

Una oración silenciosa

Pensaba: *Si logro tocar siquiera
su ropa, quedaré sana.*
Marcos 5:28

A veces oramos en voz alta y a veces pensamos en una oración. Jesús escucha todas las oraciones, las que pensamos y las que decimos en voz alta. Jesús escuchó la oración de una mujer que nadie más oyó.

A cualquier lugar que Jesús fue, una multitud de personas lo siguió. Algunos querían que Jesús les hiciera bien y algunos querían que Jesús les dijera más acerca de Dios.

Un día, entre la multitud había una mujer que había estado enferma durante doce años. Había ido a muchos doctores, pero no podían sanarla. No se mejoraba, oyó acerca de Jesús y quería ver si Él podía ayudarla.

—Sólo necesito tocar su ropa —pensó—.

y seré sanada.

De repente, la mujer lo alcanzó y tocó la ropa de Jesús. ¡Algo maravilloso sucedió! La enfermedad la dejó.

Nadie había oído su oración. Nadie, ¡excepto Jesús! Se volvió y miró la multitud.

—¿Quién me tocó? —preguntó.

Entonces la mujer vino y cayó a sus pies. Ella temblaba de temor, pero le dijo a Jesús lo que había hecho.

Jesús le dijo:

—Querida mujer, tú creíste en mí y eres sana.

Amado Jesús, gracias por oír mis oraciones, ya sea que las piense o las diga en voz alta. Ayúdame a recordar que tú puedes hacer todas las cosas. Amén.

"¡Sí, creo!"

Sí, creo

"¡Sí creo!" exclamó de inmediato
el padre del muchacho.
"¡Ayúdame en mi poca fe!"

Marcos 9:24

Dios quiere que creamos con todo el corazón que Él responderá nuestras oraciones. Esperó que un padre preocupado dijera esas palabras antes de sanar a su hijo.

Había una gran multitud de personas alrededor de Jesús. Querían oír lo que Él tenía que decir. En la multitud había un hombre con un niño enfermo que quería hablar con Jesús.

—Te traigo a mi hijo —le dijo a Jesús—. No puede oír ni hablar. Les pedí a tus discípulos que lo sanaran pero no pudieron.

—¿Cuánto tiempo ha estado tu hijo enfermo? —preguntó Jesús.

—Desde que era un niño pequeño —respondió el padre—. Lo amo tanto. Si puedes hacer algo, muéstranos bondad. Por favor, ayúdanos.

—¿Crees que puedo sanar a tu hijo? —preguntó Jesús—, todo es posible si crees.

Lágrimas salieron de los ojos del padre. En ese mismo momento dijo:

—¡Sí, creo! ¡Ayúdame a creer más!

Entonces Jesús miró al niño.

—¡Enfermedad, sal y no vuelvas nunca más! —ordenó.

El niño fue completamente sanado cuando el padre dijo las palabras: "¡Sí, creo!"

Gracias Jesús, por responder
mis oraciones. Ayúdame a creer
en ti con todo mi corazón.
Amén.

"Ten misericordia de mí"

¡Puedo ver!

[Bartimeo] se puso a gritar: "¡Jesús,
Hijo de David, ten compasión de mí!"
Marcos 10:47

A veces oramos por un milagro grande. A veces oramos por un milagro pequeño. Bartimeo recibió un milagro grande de parte de Jesús.

Bartimeo estaba sentado en el borde del camino. Podía sentir el pasto suave, pero no podía verlo. Oía a los pájaros cantar, pero no podía verlos.

Un día, Bartimeo escuchó que la gente gritaba:

—¡Jesús viene!

Escuchó el sonido de las sandalias de Jesús, pero no pudo verlo. Bartimeo era ciego.

Comenzó a gritar:

—¡Jesús, Jesús!

Las personas que estaban de pie cerca decían:

–¡Cállate!

Pero Bartimeo gritaba más fuerte:

–¡Jesús, ten misericordia de mí!

Jesús se detuvo. Les dijo a las personas que llevaran el ciego a donde Él estaba. Las personas llamaron a Bartimeo:

–¡Levántate! Jesús te llama.

Bartimeo arrojó su abrigo y con un salto se puso en pie. Fue hacia donde Jesús estaba.

Jesús miró al ciego y le preguntó:

–¿Qué quieres que haga?

–Por favor, ayúdame a ver –respondió Bartimeo.

Jesús le dijo:

–Anda. Ahora puedes ver.

Los ojos de Bartimeo se abrieron. Vio el cielo azul y los pájaros sentados en las ramas de los árboles. Vio a las personas.

—¡Puedo ver! ¡Puedo ver! —gritaba mientras seguía a Jesús por el camino.

Amado Dios, gracias por darme ojos para ver el mundo hermoso que has hecho. Ayúdame a ser agradecido por los milagros, tanto los grandes como los pequeños. Amén.

Gracias por enviar a Jesús

Ana dio gracias a Dios y comenzó
a hablar del niño a todos.
Lucas 2:38

Cuando oramos, podemos darle gracias a Dios por enviar a su Hijo, Jesús. Ana le dio gracias a Dios cuando vio al bebé Jesús.

Paso a paso, paso a paso. María sostenía al bebé Jesús mientras caminaba por el sendero que la llevaba hasta el templo. Paso a paso, paso a paso. José caminaba junto a María. Llevaban al bebé Jesús al templo por primera vez. María sostenía a Jesús de forma suave en sus brazos mientras daban la ofrenda y alababan.

Había una mujer llamada Ana en el templo. Era muy anciana. Había vivido en el templo durante casi toda su vida. Todos los días, alababa y servía a Dios.

Cuando Ana vio al bebé Jesús, supo

que era el Hijo de Dios.

—¡Miren! ¡Miren todos! —dijo ella, señalando al bebé—. ¡Este bebé es Jesús, el Hijo de Dios!

Ana se acercó a María y a José. Miró a Jesús y oró:

—Gracias, Dios, por enviar a Jesús, tu Hijo. ¡Gracias por permitirme ver al bebé Jesús!

Ana estaba muy feliz porque había visto al bebé Jesús. Les dijo a todos que había visto al Hijo de Dios.

Cuando le dio gracias a Dios, sus palabras se convirtieron en una oración de alabanza para Él.

Amado Dios, gracias por enviar a tu Hijo, Jesús. Gracias por las personas que me cuentan acerca de Él. Ayúdame a contarles a otros acerca de tu Hijo, Jesús. Amén.

La canción de María

Entonces dijo María: "Mi
alma glorifica al Señor".
Lucas 1:46

Alabar a Dios es una parte importante de la oración. María alabó a Dios cuando supo que iba a ser la madre del Hijo de Dios.

Después de que el ángel Gabriel dejó a María, ella pensó acerca de la buena noticia que el ángel le había dado:

–Dios te ha escogido de todas las mujeres del mundo –había dicho el ángel–, tendrás un hijo varón. Será el Hijo de Dios. Lo llamarás Jesús. Él será grande.

María estaba feliz. Quería compartir la buena noticia con su prima, Elizabeth. María fue rápido hasta la casa de Elizabeth. Qué felices estaban las mujeres de verse. Compartieron la buena noticia.

–Estoy contenta de que hayas venido a visitarme –le dijo Elizabeth a María–.

Estoy feliz de que la madre del Hijo de Dios haya venido a mi casa.

María también estaba contenta. Estaba tan feliz que alabó a Dios con una canción hermosa.

–Mi corazón está lleno de alabanza a Dios –cantó María–. Él me ha hecho feliz. Dios se ha acordado de mí, a pesar de que no soy muy importante. Desde ahora hasta el final de los tiempos, todas las personas me llamarán bendita porque Dios ha hecho cosas maravillosas por mí. Dios es bueno. ¡Nos ama a todos!

Amado Dios, estoy feliz porque me amas. Gracias por todas las cosas maravillosas que me has dado, pero sobre todo, gracias por enviar a tu Hijo, Jesús. Amén.

Pídele ayuda a Jesús

Cuando Jesús salió de la sinagoga, se fue a casa de Simón, cuya suegra estaba enferma con una fiebre muy alta. Le pidieron a Jesús que la ayudara.

Lucas 4:38

Cuando oremos por los enfermos, Jesús nos ayudará. Simón Pedro pidió ayuda cuando la madre de su esposa cayó enferma con fiebre.

Jesús les había enseñado a las personas acerca de Dios, su Padre, durante todo el día. Cuando terminó, miró alrededor.

—¿Dónde está Simón Pedro? —preguntó Jesús a los otros discípulos.

Las sandalias de Jesús hacían ruido mientras caminaba hacia la casa de Pedro. Cuando llegó allí, encontró a Pedro esperando.

—Por favor, Jesús, ora por la madre de mi esposa. Ella está muy enferma. ¿Puedes sanarla? —preguntó Simón.

Jesús estaba de pie junto a la cama de la mujer. Miró hacia abajo donde estaba ella y oró. De repente, la fiebre se fue. Ella salió de la cama y dijo que tenía trabajo para hacer en la cocina. Todos estaban sorprendidos.

Cuando los vecinos escucharon lo que había hecho, llevaron a todos los enfermos que había en sus familias a Jesús. Él tocó a cada uno de forma suave. De esa forma, todos se sanaron.

Finalmente, Jesús se fue a descansar. Estaba muy cansado. Pero otras personas vinieron con sus seres queridos que estaban enfermos. Buscaron a Jesús hasta que lo encontraron.

Amado Jesús, ayúdame a
recordar orar por las personas
que están enfermas. Sé que puedes
sanarlas otra vez. Gracias por
sanarme cuando estoy enfermo.
Amén.

"Necesito hombres que me ayuden"

Por aquel tiempo se fue Jesús a la montaña a orar, y pasó toda la noche en oración a Dios.

Lucas 6:12

Dios quiere que oremos cada vez que necesitemos algo. Jesús hizo eso cuando le pidió a Dios que le enviara ayudantes.

Jesús estaba cansado. Subió la montaña y encontró un lugar fresco para sentarse y descansar. Durante todo el día, Jesús había estado ocupado ayudando a las personas enfermas. Les había contado a muchas mamás y a muchos papás acerca del amor de Dios. Pero aún muchos, muchos estaban enfermos. Más mamás y papás necesitaban saber acerca del amor de Dios. Jesús quería ayudar a todas las personas.

Jesús oró toda la noche. Le pidió a Dios que lo ayudara a escoger doce ayudantes especiales.

A la mañana siguiente, mientras el

sol brillante comenzaba a calentar la tierra, Jesús supo qué era lo que Dios quería que hiciera. Llamó y reunió a todos sus amigos.

—Necesito hombres que me ayuden —dijo Jesús a sus amigos—. Voy a escoger algunos ayudantes especiales.

Escogió a un hombre llamado Pedro y a su hermano Andrés. Eligió a dos hombres más que también eran hermanos, Santiago y Juan. Jesús también les pidió a otros hombres que fueran sus ayudantes especiales, hasta que fueron doce.

Después de eso, Jesús siempre tomaba a sus ayudantes especiales con Él para que lo ayudaran a orar por todas las personas que necesitaban ayuda. Jesús estaba contento porque había hablado con Dios acerca de los hombres que escogió para que lo ayudaran.

Gracias Jesús, por ayudarme
siempre cuando tengo
que escoger. No sé cómo
elegir, pero tú sí.
Amén.

"¡Dile a mi hermana que me ayude!"

Marta, … se acercó a él y le dijo:
"Señor, ¿no te importa que mi
hermana me haya dejado sirviendo
sola? ¡Dile que me ayude!"

Lucas 10:40

Jesús quiere que detengamos nuestro trabajo y juegos, y que pasemos tiempo en oración con Él. Marta se quejó por todo el trabajo que tenía que hacer. Pero Jesús le dijo lo que era más importante.

Jesús tenía tres amigos especiales que vivían en la ciudad de Betania. Cada vez que Jesús estaba en esa ciudad, se detenía en la casa de sus amigos María, Marta y Lázaro.

Un día Jesús se detuvo en la ciudad y Marta lo vio.

—Ven, quédate en nuestra casa —le dijo a Jesús.

Jesús fue a la casa de Marta, la hermana de María. María, estaba feliz de ver a Jesús. Se sentó en el piso a los pies de Jesús y escuchó cada palabra que Él dijo.

Mientras María se sentaba y escuchaba a Jesús, Marta trabajaba. Planeaba una comida especial. Quería que Jesús disfrutara este tiempo con ellos.

Marta estaba molesta porque María no la ayudaba. Entonces le dijo a Jesús:

—Mi hermana deja que yo haga todo el trabajo. ¡Dile a María que me ayude!

Jesús miró a Marta y le dijo:

—Marta, estás demasiado ocupada por las cosas pequeñas. María ha elegido hacer lo más importante. Ella ha elegido escucharme.

Amado Jesús, gracias por ser mi amigo. Ayúdame a recordar que lo más importante es pasar tiempo hablando contigo y escuchándote. Amén.

"Señor, enséñanos a orar"

Un día estaba Jesús orando en cierto
lugar. Cuando terminó, le dijo uno de
sus discípulos: "Señor, enséñanos a orar".

Lucas 11:1

Orar es hablar con Dios, así como hablas con cualquier otra persona. Dios quiere saber las cosas que necesitas. Pero también quiere saber las cosas divertidas que haces. Los discípulos de Jesús querían saber cómo orar y Jesús les enseñó.

Jesús pasó mucho tiempo con Dios. A veces, se quedaba despierto toda la noche para orar. A veces, Jesús encontraba un lugar tranquilo donde podía hablar con Dios.

Los ayudantes especiales de Jesús, los discípulos, vieron a Jesús orar muchas veces. Un día, cuando Jesús había terminado de orar, uno de los discípulos lo llamó. El discípulo le dijo:

—Jesús, enséñanos a orar.

Jesús les enseñó a sus ayudantes que

podían hablar con Dios de la misma forma en la que lo hacían con sus padres aquí en la tierra.

Jesús dijo:

—Cuando oren llamen a Dios, "Padre". Díganle que lo aman. Pídanle el alimento que necesitan para cada día. Pídanle que los perdone por las cosas malas que hacen. Díganle que perdonarán a las personas que les han hecho cosas malas. Pídanle que los ayude a hacer lo que es correcto.

Jesús estaba feliz porque sus discípulos querían saber cómo hablar con Dios. ¡Él está feliz cuando tú también hablas con Dios!

Padre celestial, gracias por
escucharme cuando oro. Estoy
feliz de que puedo decirte lo que
necesito, pero también estoy
feliz porque también puedo
contarte las cosas divertidas.
Amén.

Ella alabó a Dios

Al mismo tiempo, puso las manos
sobre ella, y al instante la mujer se
enderezó y empezó a alabar a Dios.

Lucas 13:13

Alabar a Dios significa que le damos gracias a Dios por las cosas que nos da y por las cosas que hace por nosotros. Una mujer con la espalda encorvada alabó a Dios por hacer que su espalda se enderezara.

Golpe, tras golpe, tras golpe daba el bastón mientras la mujer caminaba a lo largo de la calle hacia el templo. Paso, tras paso, tras paso iban las otras personas apuradas y la dejaban atrás.

Durante muchos años, la mujer no había podido pararse derecha. Caminaba de forma lenta y usaba un bastón para ayudarse.

Golpe, tras golpe, tras golpe. La mujer subía los escalones del templo con el bastón.

Estaba contenta de estar en la iglesia porque quería oír a Jesús leer la Biblia. Escuchaba a Jesús enseñar.

Mientras Jesús miraba la multitud de las personas en el templo, vio a la mujer con la espalda encorvada. Jesús le pidió a la mujer que fuera con Él. De forma suave, le tocó la espalda.

—Ahora tu espalda está sana. Fuerte y derecha —dijo Jesús.

La mujer miró muy sorprendida. Se paró derecha. Dejó que el bastón se cayera al piso y levantó los brazos altos sobre la cabeza.

El rostro de la mujer se encendió con una sonrisa mientras le daba gracias a Dios por sanarla.

Amado Dios, la mujer te dio gracias. Yo también te puedo decir gracias, por todas las cosas que haces por mí. Tú eres un Dios grande y te amo.
Amén.

Decir gracias

[Uno de los hombres] cayó
rostro en tierra a los pies de
Jesús y le dio las gracias.

Lucas 17:16

¿Te acuerdas de darle gracias a Dios después de que te ha sanado? Un hombre enfermo, que fue sanado, casi se olvida de darle gracias a Jesús.

Había un hombre que tenía llagas en todo el cuerpo. Estaba triste porque tenía que dejar a su familia e ir a un lugar donde otros nueve hombres enfermos vivían.

Un día, Jesús bajó al camino.

—¡Por favor, sánanos! —le dijeron los enfermos a Jesús.

Jesús vio las llagas en las manos y en los pies de los hombres.

—Vayan y muéstrenselas a los ayudantes que están en el templo —dijo.

¡Los diez estaban felices! Descendieron corriendo por el camino hacia la ciudad. De repente, miraron sus manos y pies, ¡Las llagas se habían ido! Jesús los había sanado.

Los hombres corrieron más rápido hacia el templo, excepto uno. Se detuvo y regresó corriendo donde estaba Jesús. El hombre se postró sobre sus rodillas frente a Jesús. Dijo:

–¡Gracias por sanarme!

Jesús miró al hombre y le dijo:

–Me alegro que hayas regresado para agradecerme. Ve a casa con tu familia. Sabías que yo podía sanarte y lo hice.

Amado Padre celestial,
cada vez que estoy enfermo
ayúdame a recordar que debo
agradecerte por sanarme.
Amén.

"Padre, perdónalos"

"Padre", dijo Jesús, "perdónalos,
porque no saben lo que hacen".
Lucas 23:34

Podemos orar y pedirle a Jesús que nos perdone cuando hacemos cosas malas. Jesús incluso perdonó a los hombres que le hicieron cosas malas a Él.

Cuando Jesús bajó a la tierra desde el cielo, a algunas personas no les gustó y lo trataron muy mal. Pero Jesús no se enojó. Oró.

—Padre, perdónalos, porque no saben lo que hacen. No saben que soy tu Hijo.

Otras personas sabían muy bien que Jesús era el Hijo de Dios. Lo amaban y lo seguían. Lo escuchaban mientras les enseñaba acerca del Padre celestial.

Jesús les dijo que este Padre celestial también era su Padre. Les aseguró que era amable y bueno y que perdonaba.

¿Alguien te ha tratado mal alguna

vez? ¿Te lastimaron con sus palabras o con las cosas que hicieron? Pídele a Dios que los perdone, así como Jesús hizo.

Y cuando haces cosas malas, puedes ir a Jesús, también. Él no se enojará. Dirá:

—Ven, mi hijito, estoy feliz de que estés arrepentido por lo que has hecho mal. Te perdono porque te amo tanto.

Amado Jesús, tú perdonas a
las personas incluso cuando te
lastiman. Ayúdame a recordar
eso cuando hago cosas malas
y también cuando te lastimo.
Perdóname cuando peco.
Amén.

Suplicar por ayuda

Cuando este hombre se enteró de
que Jesús había llegado de Judea
a Galilea, fue a su encuentro y le
suplicó que bajara a sanar a su hijo,
pues estaba a punto de morir.

Juan 4:47

Cuando oramos, podemos creer que Jesús responderá nuestra oración. Jesús tuvo que hacer un milagro para que uno de los soldados del rey creyera en Él y supiera que sus oraciones serían respondidas.

Jesús estaba en un pueblo llamado Caná, donde hizo el primer milagro. Cuando el soldado del rey supo que Jesús estaba en esta ciudad, se apresuró hacia donde Él estaba.

–Por favor, sana a mi hijo –suplicó el soldado–, está muy enfermo.

Jesús le dijo al soldado:

–A menos que veas un milagro, no creerás en mí.

–Señor, ven antes de que mi hijo muera –rogó otra vez el soldado.

Jesús miró al hombre y le respondió:

—Ve a casa. Tu hijo ya está sano.

El soldado creyó lo que Jesús le dijo y se fue a su casa. Un hombre de su casa lo encontró en el camino y le contó:

—Vengo a decirte que tu hijo está sano. ¡Es un milagro!

—¿A qué hora se mejoró? —le preguntó el soldado.

—Tenía mucha fiebre pero a la una en punto la fiebre desapareció —respondió el hombre.

El soldado sabía que a la una en punto era la hora exacta en la que Jesús le dijo que su hijo estaba mejor. Entonces el soldado y su familia creyeron en Jesús.

Gracias, Jesús por responder
siempre mis oraciones. Ayúdame
a recordar que puedo orar
cuando las personas de mi
familia están enfermas y
creer que tú los sanarás.
Amén.

"No tengo a nadie que me ayude"

"Señor", respondió, "no tengo a nadie que me meta en el estanque".

Juan 5:7

A veces, cuando oramos, Dios envía a alguien que ayude a responder nuestra oración. El hombre que no podía caminar necesitaba ayuda y Jesús fue a ayudarlo.

El agua del estanque se agitaba. Cuando el agua comenzaba a moverse, una persona enferma se podía meter en el estanque y así, como si fuera mágico, esa persona se sanaba. ¡Pero la magia sólo funcionaba una vez! Entonces muchas personas esperaban. Algunos eran ciegos y algunos eran lisiados o enfermos. Todos se sentaban en el borde del estanque, mirando. Todos querían ser la primera persona que saltara cuando el agua comenzaba a agitarse.

Un día, Jesús caminó por ahí. Vio a

un hombre que había estado recostado cerca del estanque durante muchos, muchos años.

—¿Quieres ser sano? —le preguntó Jesús al hombre.

—Sí —respondió el hombre enfermo—, pero soy demasiado lento y no tengo a nadie que me ayude a entrar en el estanque. Siempre otra persona llega antes que yo cuando el agua se agita.

Entonces Jesús dijo:

—Levántate. Toma tu manta y camina.

De repente, el hombre estaba sano. Levantó su manta y comenzó a caminar. El hombre estaba feliz de que Jesús lo hubiera sanado.

Gracias Jesús por ayudarme
a mejorar cuando estoy
enfermo. Gracias por mi
familia, quien me ayuda cuando
estoy enfermo. Gracias por
los doctores, también.
Amén.

Orar por nosotros, la familia y otros

Después de que Jesús dijo esto,
dirigió la mirada al cielo y oró.

Juan 17:1

Dios quiere que oremos por nosotros, por la familia y por otros. Jesús nos dio un ejemplo. Él oró por sí mismo, por sus discípulos y después por todos los que creían en Él.

Jesús hablaba con los discípulos. Quería ayudarlos a entender que pronto se iría al cielo. Les recordó que Dios lo había enviado a la tierra para contarles acerca del gran amor que tenía por ellos.

Después de que Jesús había hablado con los discípulos, comenzó a orar. Primero que nada, oró por sí mismo. Le dijo a Dios que había terminado la tarea para la cual lo había enviado a la tierra. Dijo que estaba listo para ir al cielo.

Después Jesús oró por los seguidores.

—Amado Padre —oró—, cuando me

haya ido, por favor ayuda a mis seguidores. Les he contado todo acerca de ti. Ellos les dirán a otros. Guárdalos a salvo.

Después Jesús siguió orando.

–Dios, por favor, ayuda a todas las personas que creen en mí. Mantén a todas estas personas cerca de ti. Ayúdalos a amarse y a ayudarse los unos a los otros.

Jesús terminó la oración. Oró por sí mismo y por los discípulos. Oró por todos los creyentes, incluso por aquellos que aún no habían nacido.

Dios, gracias por mostrarme cómo orar. Ayúdame a orar, no sólo por mí mismo y por las cosas que necesito, sino también por mi familia y por los otros. Amén.

"Escucha nuestra oración, Señor"

Todos, en un mismo espíritu,
se dedicaban a la oración.
Hechos 1:14

Podemos orar todos los días con nuestra familia y podemos orar con otros en la iglesia todas las semanas. Después de que Jesús fue al cielo, sus ayudantes especiales descubrieron qué importante era que oraran juntos. Los ayudantes especiales de Jesús no sabían qué hacer sin Jesús. Se sentían solos y temerosos.

Un día, los discípulos subieron a la habitación donde se quedaban. Recordaron que Jesús les había dicho qué importante era orar y hablar con Dios. Entonces decidieron que todos los días, orarían justo en ese lugar, por ellos mismos y por los demás.

Pronto, algunas mujeres vinieron a orar con ellos. La madre de Jesús, María y sus hermanos vinieron también. Otras personas que creían en Jesús escucharon y subieron a la habitación para orar.

Las personas oraban por los enfermos y por aquellos que necesitaban ayuda. Oraban para que Dios los mantuviera a salvo. Oraban por aquellos que querían lastimarlos. Al orar, aprendieron lo que Dios quería que hicieran y la forma en la que podían contarles a otros acerca de Jesús.

Todos los días, más personas iban a orar. Aprendieron que cuando oraban juntos ya no se sentían más solos o temerosos.

Amado Jesús, gracias porque
puedo orar con mi familia
todos los días. Gracias por
mi iglesia donde puedo ir
y orar con mis amigos.
Amén.

Ayudantes especiales

Los presentaron a los apóstoles, quienes
oraron y les impusieron las manos.
Hechos 6:6

Debemos recordar el orar por los ayudantes especiales de la iglesia.

Todos los días, los amigos de Jesús le contaban a más y más gente que Jesús los amaba. Más y más personas aprendían a amar a Jesús. Todos los días, estas personas compartían su alimento y vestimenta con aquellos que no tenían nada.

Pero un día, algunas mujeres cuyos esposos habían muerto les dijeron a otros:

–Nadie comparte alimentos con nosotras. ¡No tenemos suficiente para comer! Por favor, ayúdennos con este problema.

Cuando los amigos de Jesús escucharon acerca de esto, estuvieron tristes. Querían que todos tuvieran alimento suficiente para comer. Pero estaban demasiado ocupados contándoles a las personas acerca de Jesús como para dedicarse a cocinar ellos mismos la comida. Inclinaron el rostro y le preguntaron a Dios qué hacer.

Los amigos de Jesús juntaron a todos.

–Sabemos que no es justo que algunas personas no tengan suficiente alimento para comer –dijeron los amigos de Jesús–. Esto es lo que haremos. Escojan siete ayudantes especiales. Estos ayudantes especiales se asegurarán de que todos tengan alimento suficiente.

Entonces las personas escogieron a uno, dos, tres, cuatro, cinco, seis, siete hombres para que fueran ayudantes especiales. Luego, los amigos de Jesús oraron y le pidieron Dios que ayudara a estos siete hombres para que cuidaran a todas las personas.

Amado Dios, gracias por los
ayudantes especiales en mi
iglesia. Ayúdame a recordar
que ore por ellos. Ayúdame a
compartir con otros, también.
Amén.

"¿Quién eres, Señor?"

¿Quién eres, Señor?

"¿Quién eres, Señor?", preguntó [Saulo].
Hechos 9:5

Había un hombre importante en la ciudad que se llamaba Saulo. Decía que amaba y respetaba a Dios. Pero no pensaba que Jesús era el Hijo de Dios. ¡Saulo estaba enojado porque muchas personas seguían a Jesús! Hizo todo lo posible para que no se cuente a otros acerca de Jesús.

—Iré a otras ciudades y haré que las personas dejen de hablar acerca de Jesús —dijo Saulo—. ¡Los pondré en la cárcel si tengo que hacerlo!

Saulo y sus amigos se subieron a los caballos y se dirigieron a una ciudad llamada Damasco.

En el camino, Saulo y sus amigos vieron una luz muy brillante. ¡Saulo estaba impactado y sorprendido! Cayó al piso.

¡La luz era tan brillante que Saulo quedó ciego!

Luego Saulo escuchó una voz:

—Saulo, ¿por qué me persigues?

—¿Quién eres? —preguntó Saulo.

La voz dijo:

—Yo soy Jesús, a quien tú persigues.

Después los amigos de Saulo lo llevaron a la casa de un hombre que amaba a Jesús. Durante tres días, Saulo estuvo allí y oró.

Dios envió a un hombre para que encontrara a Saulo y para que orara por él. De repente, ¡Saulo pudo ver otra vez! Estaba muy arrepentido por haber lastimado a aquellos que amaban a Jesús. Él comenzó a decirles a las personas que Jesús era el Hijo de Dios.

Amado Jesús, te amo. Gracias por amarme. Ayúdame a obedecerte y a decirles a otras personas que los amas, también. Amén.

"¡Dorcas, levántate!"

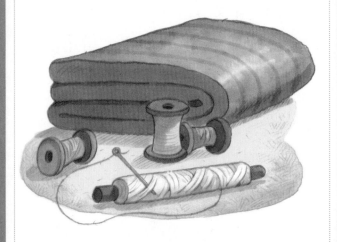

Pedro hizo que todos salieran del
cuarto; luego se puso de rodillas y oró.
Hechos 9:40

A veces, las personas que hacen cosas buenas se enferman, podemos orar por ellos así como Pedro lo hizo con Dorcas.

Dorcas era una mujer amable que amaba a Jesús. Ella quería ayudar a las personas. Una forma en la que lo hacía era cosiendo ropa para las personas que las necesitaban. Las personas querían mucho a Dorcas.

Un día, Dorcas se enfermó mucho. Sus amigos estaban tristes. No sabían qué hacer.

—Pedro nos podría ayudar —dijo uno de los amigos de Dorcas—. Vamos a decirle que ore por ella.

Dos hombres se apuraron por encontrar a Pedro.

—¡Ven rápido! —dijeron cuando lo encontraron.

Cuándo Pedro llegó a la casa de Dorcas, subió las escaleras hasta la habitación donde ella se encontraba en la cama. Los amigos de Dorcas estaban en una sala y lloraban. Le mostraron a Pedro la ropa que había hecho para ellos. Pedro vio cuánto amaban a Dorcas las mujeres.

Pedro dijo:

—Por favor, dejen la habitación por un momento.

Luego Pedro se arrodilló al lado de Dorcas y oró. Habló con Dios acerca de Dorcas y de sus amigos. Después de que Pedro oró para que Dios lo ayudara, dijo:

—¡Dorcas, levántate!

Entonces, ¡Dorcas abrió los ojos y se levantó! Pedro llamó a sus amigos y fueron y vieron a Dorcas. ¡Ella estaba parada y les sonreía! Dios había respondido la oración de Pedro.

Amado Dios, gracias por darme personas especiales que hacen cosas buenas por mí, ayúdame a acordarme de orar por ellas cuando están enfermas o necesitan ayuda. Amén.

"¿Qué es, Señor?"

Él y toda su familia eran devotos y
temerosos de Dios. Realizaba muchas
obras de beneficencia para el pueblo de
Israel y oraba a Dios constantemente.

Hechos 10:2

Podemos orar por personas que van a lugares lejanos y les cuentan a otras personas acerca de Jesús. A pesar de que Cornelio oró y dio ofrendas a Dios, no sabía acerca de Jesús hasta que Dios envió a alguien para que le hablara.

Un día, Dios envió un ángel a Cornelio. Cuando vio el ángel, Cornelio tuvo miedo.

–¿Qué es, Señor? –preguntó.

El ángel respondió:

–Dios ha escuchado tus oraciones y sabe que das dinero para ayudar a otros. Dios quiere que lleves a Pedro a tu casa. Tiene algo importante para decirte.

Cornelio envió mensajeros para encontrar a Pedro al instante.

Incluso antes de que los mensajeros

llegaran, Dios había hablado con Pedro acerca de ir a lugares lejanos y contarles a las personas acerca de Jesús.

–Cornelio nos envió a buscarte –le dijeron los mensajeros a Pedro–. Un ángel le dijo a Cornelio que te invitara a su casa. Quiere oír lo que tienes que decir.

Pedro sabía que Dios quería que él fuera a la casa de Cornelio. Era un viaje largo, pero no le importaba.

Cuando Pedro llegó a la casa, encontró a Cornelio y a su familia esperando. Pedro les habló acerca de Jesús. Cornelio y su familia oyeron acerca de Jesús por primera vez y creyeron en Él.

Gracias Dios por las personas
que me cuentan acerca de
Jesús. Ayuda a las personas
que envías a lugares lejanos
para que les hablen a los niños
y a las niñas acerca de ti.
Amén.

La iglesia oraba

Pero mientras mantenían a Pedro en
la cárcel, la iglesia oraba constante
y fervientemente a Dios por él.

Hechos 12:5

Dios quiere que oremos por aquellos que se encuentran en problemas.

Pedro les contaba a las personas, a cualquiera que oyera, acerca de Jesús. Pronto los soldados aparecieron y lo llevaron a prisión. Decían que estaba en contra de la ley hablar acerca de Jesús.

Todos los amigos que Pedro tenía en la iglesia se reunieron para orar por él. Oraron por bastante tiempo. Le pidieron a Dios que ayudara a Pedro.

A mitad de la noche, mientras Pedro dormía, Dios envió a un ángel.

–Rápido, ¡levántate! –dijo el ángel.

¡Ruido de sandalias! Pedro siguió al ángel mientras pasaban a los guardias que dormían. ¡Tintineo, tintineo! La puerta se abrió. ¡Un ruido seco! Pedro y el ángel caminaron afuera, en la calle.

De repente, el ángel se había ido. Pedro sabía que Dios lo había liberado. Caminó a la casa donde estaban sus amigos de la iglesia que oraban.

Un golpe a la puerta. Pedro llamó a la puerta. Una niña llamada Rhode fue a la puerta y preguntó:

—¿Quién es?

—Soy, yo —dijo Pedro.

Rhode conocía la voz de Pedro. Sabía que era él. Estaba tan emocionada que se olvidó de abrir la puerta. Corrió hacia la gente que estaba orando.

—¡Pedro está aquí! —gritó. Todos dejaron de orar y corrieron a la puerta. ¡Dios había respondido sus oraciones!

Amado Dios que estás en los cielos, recuérdame orar por otros cuando están en problemas y necesitan tu ayuda. Gracias por responder siempre mis oraciones. Amén.

Gracias por mi iglesia

El sábado salimos a las afueras
de la ciudad, y fuimos por la
orilla del río, donde esperábamos
encontrar un lugar de oración.

Hechos 16:13

Podemos darle gracias a Dios por nuestra iglesia, el lugar donde podemos orar y cantar alabanzas a Dios. Pablo y sus amigos estuvieron felices de encontrar un lugar para adorar, a pesar de que era el lecho de un río.

Las sandalias de Pablo y de sus amigos hacían ruido mientras caminaban hacia la ciudad. Vieron muchos edificios pero no pudieron encontrar un lugar para la iglesia donde las personas pudieran reunirse a adorar a Dios.

Pablo oyó acerca de un grupo de personas que se reunía al lado del río para cantar canciones y orar. Entonces, cuando fue la hora de ir a la iglesia, Pablo y sus amigos buscaron al grupo al lado del río.

Caminaron, caminaron, caminaron.

Fuera de la ciudad y bajando por el camino fueron Pablo y sus amigos. Antes de que pasara mucho tiempo, vieron el río. Y allí, debajo de la sombra de un gran árbol había un grupo de mujeres. Oraban y cantaban canciones de alabanza. Pablo y sus amigos hablaron con las mujeres.

Una de las mujeres se llamaba Lidia. Ella amaba a Dios, pero jamás había oído hablar acerca de Jesús. Mientas Pablo hablaba, Lidia escuchaba atentamente. Sabía que lo que Pablo le decía era muy importante. Lidia estaba feliz de que Pablo hubiera encontrado la iglesia del río y le hubiera hablado acerca de Jesús.

Amado Dios, gracias por mi iglesia donde puedo cantar canciones y oír historias de la Biblia. Gracias por las personas que me aman y me llevan a la iglesia. Amén.

Orar y cantar

A eso de la medianoche, Pablo
y Silas se pusieron a orar y a
cantar himnos a Dios.

Hechos 16:25

Dios escucha nuestras oraciones, sin importar dónde estemos o qué hora sea. Pablo y Silas sabían que Dios oía sus oraciones, incluso en la cárcel y en el medio de la noche.

Un día, Pablo y Silas les hablaban a las personas acerca de Jesús. Algunas personas estaban felices al oír acerca de Jesús, pero otras se enojaron. Gritaron:

—¡Lleven a Pablo y a Silas a la prisión! ¡No los dejen salir!

El carcelero puso a Pablo y a Silas en la parte de atrás de la cárcel. Les puso cadenas en las manos y en los pies. Apenas podían moverse. Estaba muy oscuro y tranquilo.

En el medio de la noche, Pablo y Silas oraron. Comenzaron a cantar alabanzas a Dios. Las oraciones hicieron que Pablo y Silas se alegraran. Las canciones también los alegraron.

De repente, ¡sintieron ruidos fuertes! Cosas que chocaban, ruidos de cosas que se estrellaban. Todo comenzó a temblar. ¡Era un temblor! El temblor hizo que las puertas de la cárcel se abrieran. Hizo que se soltaran las cadenas que Pablo y Silas tenían colocadas. El carcelero tenía temor.

—¡Pablo y Silas se han escapado! —gritó.

Pero Pablo dijo:

—Aún estamos aquí.

Entonces Pablo y Silas le hablaron al carcelero acerca de Jesús. Ellos estaban muy felices porque Dios había oído sus oraciones y sus cantos, ¡incluso en la cárcel, en el medio de la noche!

Amado Jesús, gracias por estar cerca de mí en todo momento. Ayúdame a recordar orar y cantar alabanzas a ti en cualquier lugar que esté y en cualquier momento del día o la noche.

Amén.

"No temas, ora"

"Así que ¡ánimo, señores! [Yo Pablo] Confío en Dios que sucederá tal y como se me dijo".

Hechos 27:25

Dios quiere que oremos cuando tenemos temor. Pablo oró cuando estuvo en un barco durante una tormenta fuerte. Pero sabía que Dios lo mantendría a él y a los otros pasajeros a salvo.

Pablo vio que el cielo se volvió oscuro y lleno de nubes. Sentía el viento soplar más y más fuerte. Pronto, el barco se encontraba en un problema terrible. El viento aullador sopló y llevó a la nave más adentro hacia el mar. La sacudía hacia arriba y hacia abajo con olas grandes.

Pablo y los otros tenían temor de que el barco se hundiera. Las olas golpeaban sobre la cubierta. Agua salada salpicaba sus rostros.

Pablo oró, y oró, y oró. La tormenta

duró muchos días. Los hombres tenían hambre. Tenían mucho temor. Todos pensaban que se hundirían, todos, excepto Pablo.

Pablo sabía que Dios quería que les hablara a muchas personas más acerca de Jesús. Pablo les dijo a los hombres temerosos:

—No teman, Dios dice que Él nos cuidará. Todos estarán seguros.

De repente, la nave se golpeó contra una roca y se partió en pedazos. Algunos de los hombres nadaron a la playa. Otros flotaron hacia la playa sobre pedazos de madera. Pero todos llegaron a salvo.

Gracias Dios, por estar cerca
de mí y mantenerme seguro en
todo momento. Cuando tengo
temor, ayúdame a recordar que
tú siempre tienes cuidado de mí.
Amén.

Jane Landreth disfruta el tocar las vidas jóvenes con el amor de Dios. Ella enseñó en la escuela hasta el nacimiento de su hijo, luego, de forma oficial, lanzó su carrera como escritora usando las aventuras de su hijo para idear las historias. Jane y su esposo, Jack, viven en Ozarks, donde escribe para niños y enseña a escribir en una escuela de aprendizaje a distancia.

También de
Casa Promesa

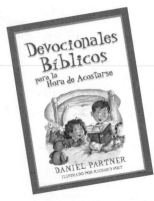

Devocionales Bíblicos para
la Hora de Acostarse
por Daniel Partner
978-1-61626-101-6
Rústica / 256 páginas / 5 x 7

Por primera vez en español, este
libro devocional anima a los
niños de 5 a 8 años de edad, a
detenerse y pensar en el significado de más de
cinco docenas de historias bíblicas. Las devociones
han sido escogidas de toda la Biblia y han sido ilustra-
das en colores llamativos para el deleite de los pequeños lectores.

Disponible donde libros cristianos son vendidos.